JN032551

お直しにも、かわいいワンポイントにも！

ダーニング刺繍

ミムラトモミ

誠文堂新光社

まえがき

布の上で糸を織るように刺すダーニングステッチは、

お直しの手法としてよく知られています。

大きく面を作る刺し方なので、

ほつれや汚れをカバーするように刺せばお直しにもなり、

単に装飾目的としても、とてもかわいいのです。

ヨコ糸、タテ糸が組み合わさって、

糸の色が混ざっていく様子がとても楽しくて、

時が経つのも忘れて刺してしまいます。

そんなダーニング刺繍の楽しさを

みなさんにも感じていただけたら幸せです。

ミムラトモミ

Contents

手持ちの服に刺繍をしてみたら、どこにも売っていない
自分だけのオリジナルに。よりいっそう愛着がわきます。
目のつんだ硬い布より、針通りのよい
ざっくりした綿や麻などの服がおすすめ。

お気に入りのアイテムに刺繍をプラス

01.

ゆったりした麻のブラウスに。
無地なので刺繍が引き立ちます。
ブレーメンの音楽隊をモチーフにしました。

———
図案 P.65

02.

素朴なダーニングステッチは、
インディゴ染めにとてもよく合います。
たっぷりした袖のワンピースに
花のモチーフを散らしました。

図案 P.66

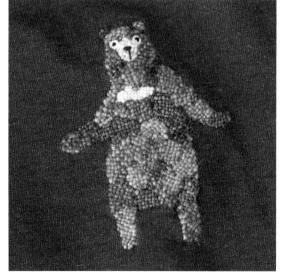

03.

子ども服に、かわいいクマさんをあしらって。
背守りのように、災いから守ってくれそうです。
レッスンバッグなどにもぴったり。

図案　P.66

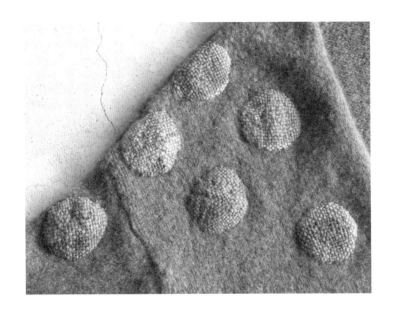

04.

ニットのカーディガンに。
もともと靴下やセーターの補修に使う
ダーニングステッチなので、
ニットとの相性は抜群です。
シンプルな丸の組み合わせが個性的な一着に。

図案　P.69

バッグを作りましょう

刺繍をしてから、バッグに仕立てます。
どこにどんなふうに図案が入ったら素敵になるか、
あれこれ考えながら楽しく作ってみてください。

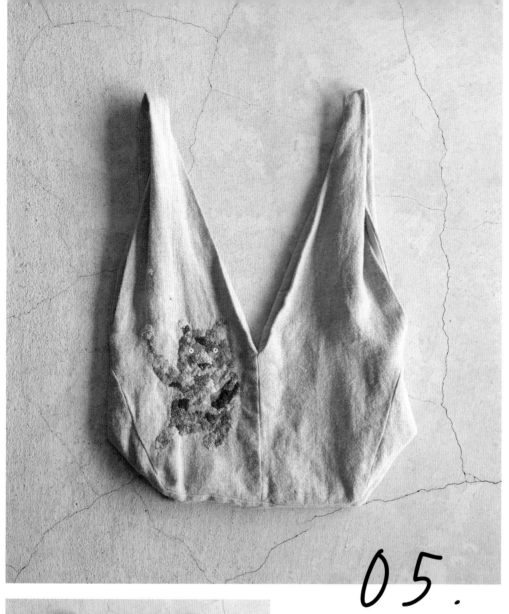

05.

表にタンポポの綿毛を持ったクマ、
裏にタンポポを刺繍して、
物語を感じる構成に。

———
図案 P.67,68
バッグの仕立て方 P.87

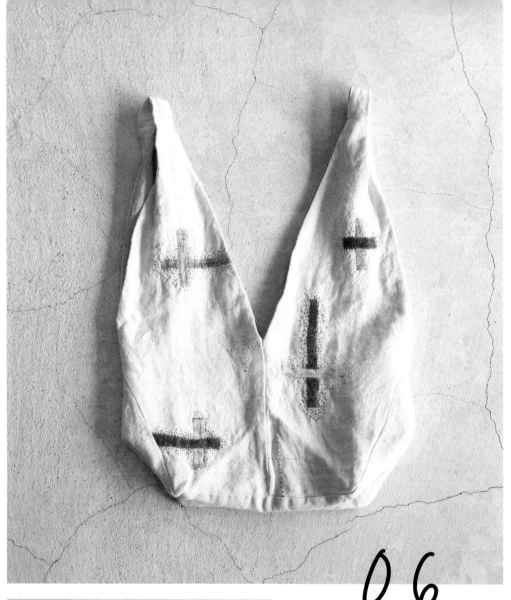

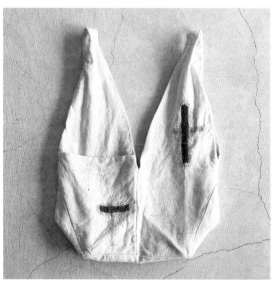

06.

クロス模様を散らして。
クセのないシンプルな模様は、
どんな服にも合わせやすいのでおすすめです。

———
図案　P.68
バッグの仕立て方　P.87

07.

丸をたくさん刺して、大きな水玉模様のように。
色を混ぜたり、グラデーション糸を使うと、
おしゃれな雰囲気になります。
ポケットは左右どちらでもお好みで。

図案　P.69
バッグの仕立て方　P.87

08.

小さな刺繍をプリント地のように
散らすのも楽しい。大きめの持ち手をつけて、
ミニバッグのようにも使える巾着です。

———
図案・バッグの仕立て方　P.90

09.

買い物にかかせないエコバッグ。
普段は巾着に収納しておけます。
ネコの顔をドンと刺繍してオリジナル感たっぷりに。

図案・バッグの仕立て方　P.92

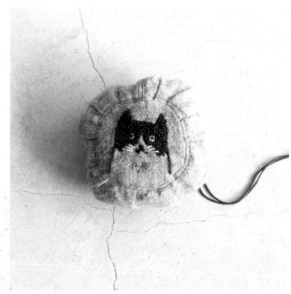

立体に仕立てましょう

10.

2枚を縫い合わせてわたを詰めたら
かわいいチャームのできあがり。
刺繍の糸の色で表情がまるで違うので、
いくつも作ってみてください。

図案・作り方 P.94

11.

刺繡をほどこしたパーツを縫い合わせて組み立て、
ウサギのぬいぐるみを作りました。
パッチワークのような素朴さがおしゃれです。

図案・作り方　P.95

大きい刺繍、小さい刺繍

シャツのポケットに、バッグや小物のワンポイントに、
自由に刺してみましょう。

12.　ヒツジ

図案 P.69

13.

青い鳥

—
図案 P.69

14.

カタツムリ

—
図案 P.70

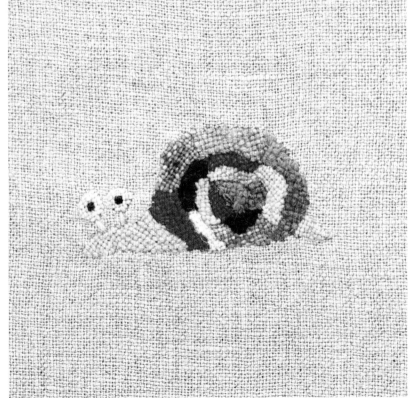

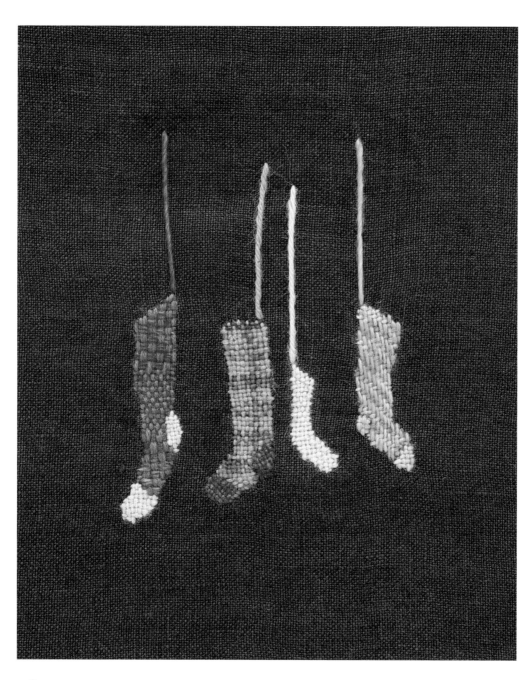

15.

靴下

図案 P.70

16.

リンゴ

図案 P.71

17.

ヤギ

図案 P.71

18.

ウサギ

図案 P.71

19.

ウシ

図案 P.72

20. ハムスター

図案 P.72

21.

クリスマス

図案 P.73

22. ラマ

図案 P.73

23. お天気

図案 P.74

24.

カニ
―――
図案 P.74

25.

ハチ
―――
図案 P.74

26.

町角
図案 P.75

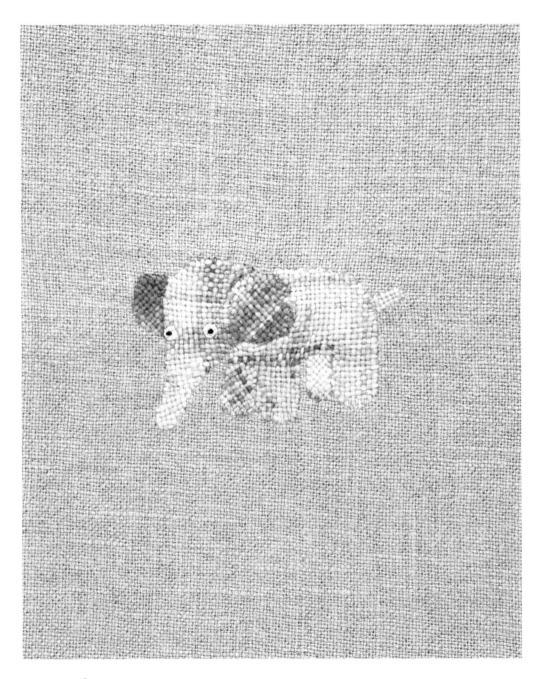

27. ゾウ

図案 P.75

28. ペンギン

図案 P.76

29. カエルの家族

図案 P.76

30. おしゃれネコ

図案 P.77

31.

シカ

図案 P.77

32. カメレオン

図案 P.77

33. 大きい三毛ネコ

図案 P.78

34.

ブタ

―――
図案 P.78

35.

おとぼけ鳥

―――
図案 P.78

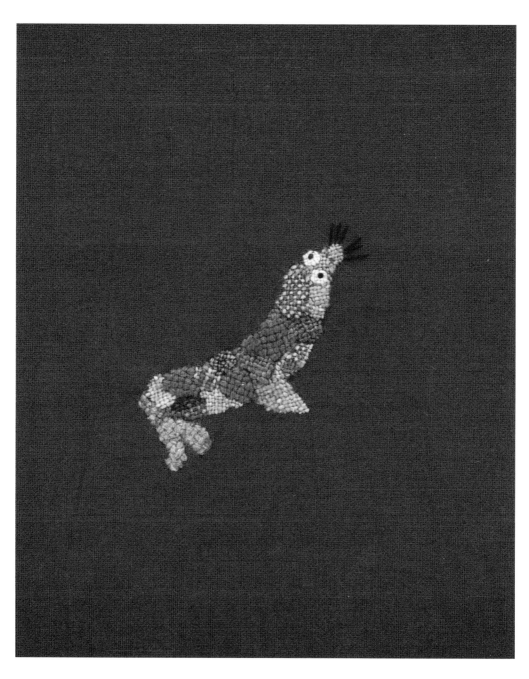

36. アシカ

図案 P.79

37.

カラフルペンギン

図案 P.79

38.

ニワトリ
図案 P.79

39. キリン

図案 P.80

40.

キノコ
図案 P.80

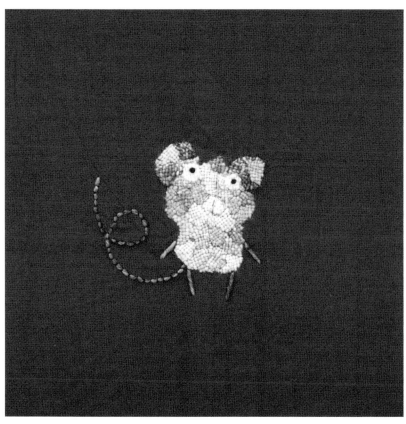

41.

ネズミ
図案 P.81

42.

リス

図案 P.81

43.

小さい三毛ネコ

図案 P.81

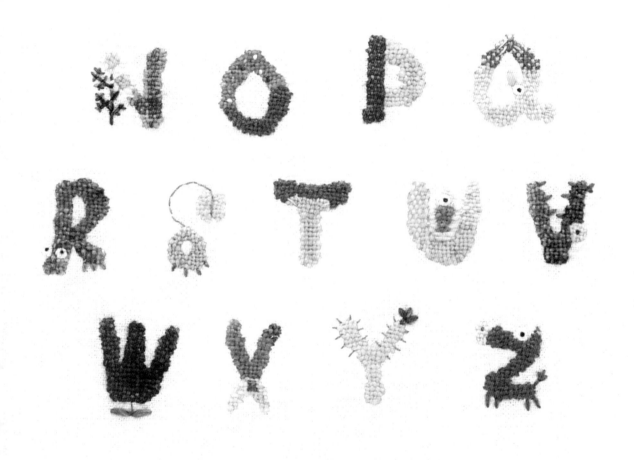

44.

アルファベット・大文字

図案 P.82,83

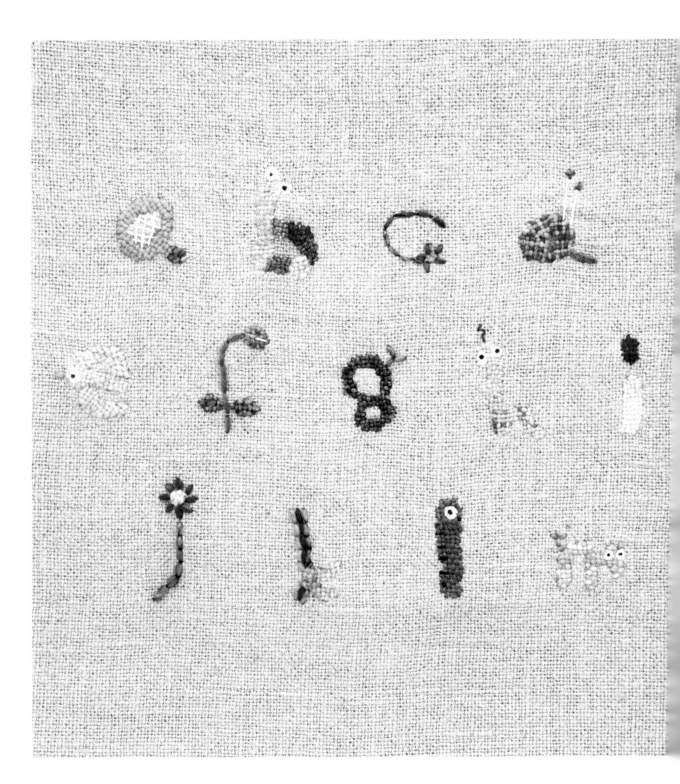

45. アルファベット・小文字

図案 P.84,85

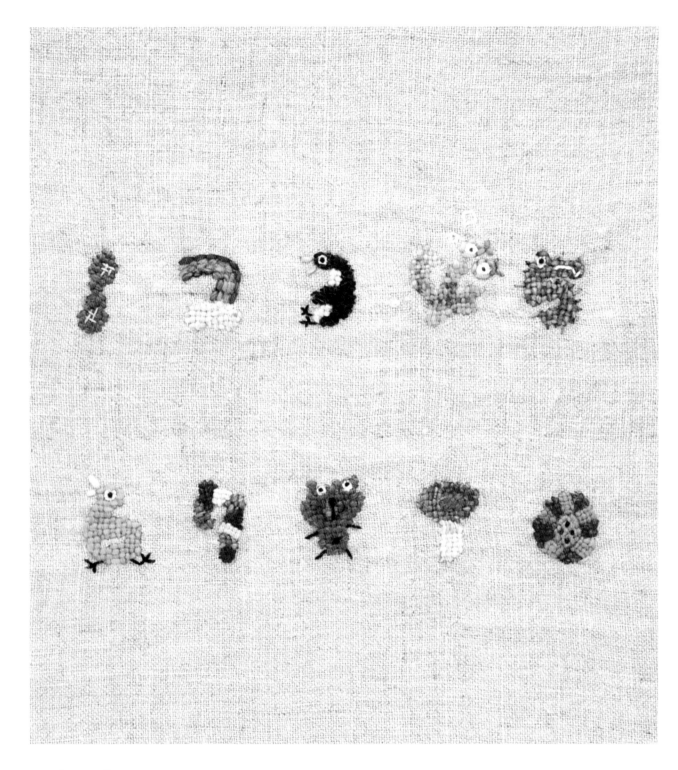

46.

数字

図案 P.86

How to make

それでは、実際にダーニング刺繍を刺してみましょう。
コツはいくつかありますが、細かい決まり事はないので、
大らかな気持ちで楽しんで刺してください。

道具

これといって特別な道具が必要ないのもダーニング刺繍のよいところです。

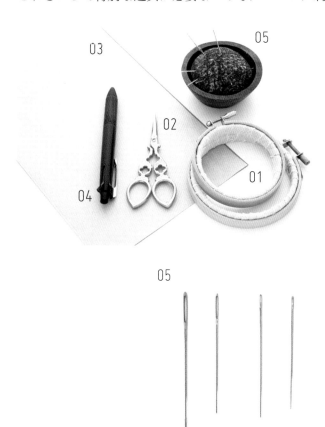

01. 刺繍枠
小さめのものが使いやすい。
布を巻くとすべりにくく安定します。

02. 糸切りばさみ
家にあるものでOKです。

03. チャコペーパー（片面）
図案を写す時に使います。

04. ペン
チャコペーパーの上からなぞるためのもの。
ボールペンなど先が硬いものが使いやすい。

05. 針
針は普通の縫い物用だと細すぎるので、
毛糸に使うとじ針（左2本）か、
レザー用（右2本）もおすすめ。

布

針が通りやすいものがおすすめ。実際に針を刺して試してみましょう。

リネン
本書で最も多く使用。ざっくりした風合いがダーニングによく合います。

デニム
たいていのものは大丈夫ですが、目のつんだ硬い布だと針が通らないので注意。

ニット
冬用のウール、またはサマーニットでも。使い込むと毛糸がなじんでいい風合いになります。

毛糸

基本的にはウールの毛糸を使用。使い込むうちに表面がなじんでいき、
一枚の布のような風合いに変化していきます。
たいていの糸が使えるので、半端に余った毛糸が大活躍します。

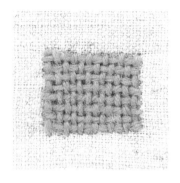

合細〜中細

もっとも使いやすい太さ。靴下用
のソックヤーンなどもダーニング
刺繍向きです。

ウイスター　純毛中細／藤久

並太

そのまま刺すと、ボリュームが出
て面白い表情になります。太すぎ
ると思ったら、撚りをほぐして使
うのもおすすめ。左の写真は、3
本撚りをほぐして2本にして刺し
ています。

ウイスター　カラーメランジ並太／藤久

段染めの糸

グラデーションになった糸は、好
みの色の部分だけを使えて、ひと
玉で何色分もの役目をするのでと
ても便利。ちょうど色が変わる部
分を使うと写真のように複雑な柄
になります。

ウイスター　エレガンスモヘア／藤久

レース糸など

周囲に埋没しないように引き立た
せたい箇所には異素材を使うのが
おすすめ。本書の作品では白目と
黒目の部分にコットンのレース糸
を使っています。

ダーニングステッチ・基本

まずは四角い形から始めてみましょう。

1＿ 刺繍枠にゆるめに布を張り、針に糸を通し、裏から表に糸を出します。糸端は結ばずに10cm程度出しておきます。

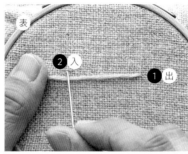

2＿ まずはヨコ糸から刺します。❶から針を出して❷に入れます。

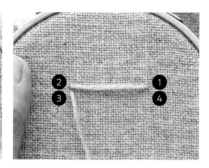

3＿ すぐ下の❸から出し、❹に入れます。

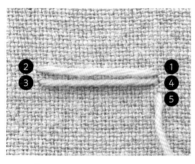

4＿ ❹のすぐ下の❺から出します。

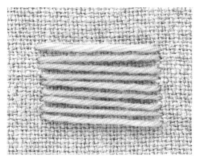

5＿ 同様にくり返し、ヨコ糸をすべて刺します。

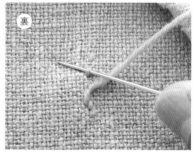

6＿ 針を裏に出し、縫い目にからげて始末し、糸を切ります。

7＿ 続いてタテ糸を刺します。端から刺すとゆがみやすいので、途中から刺し始めるのがポイント。❻から針を出し、ヨコ糸を交互にすくいます。

8＿ 針を抜き、糸をまっすぐに伸ばします。ヨコ糸ときちんと直角に交わるように。

9＿ ❼に針を入れ、すぐ隣の❽から出します。

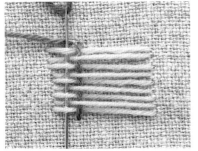

10＿ 隣の糸と互い違いになるようにヨコ糸をすくいます。

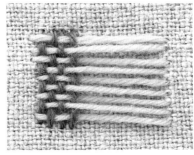

11＿ 同様にして端までタテ糸で埋めます。上の3本のヨコ糸が少しとび出していますが、無理に刺さないこと。

12＿ 上の3本を追加で埋めます。矢印（3本目と同じ針穴）から針を出します。

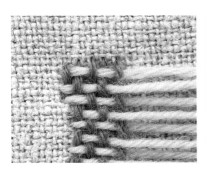

13＿ 上2本を交互にすくって針を入れます。

14＿ 残りを埋めるため、最初に刺したタテ糸の隣に針を出します。短い距離なら糸を切らなくても大丈夫。

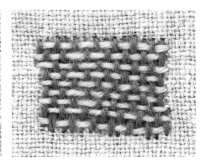

15＿ 同じ要領で残りを埋め、裏の縫い目にからげて始末します。

16＿ 裏はこんな感じ。裏に渡る糸が少ないのがダーニングステッチの特徴です。

ダーニングステッチ・応用

円形、あるいはいびつな形の場合に向いた刺し方です。

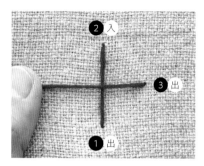

1＿ 中心、もしくはいびつな形の場合、最も距離の長いところから始めます。まずは十字に刺します。

2＿ 最初の十字を中心にしてタテ糸の両側に1本ずつ足します。

3＿ 次にヨコ糸の上下に足します。タテ糸を交互にすくいます。

4＿ タテ糸、ヨコ糸が3本ずつ刺せたところ。

5＿ 最初の十字がきれいにできたら、残りは好きな順番で埋めていきます。

6＿ どんどん埋めます。最初に十字をしっかりと作っておくと、ゆがみにくくなります。

7＿ 全部埋めたら針を裏に出します。

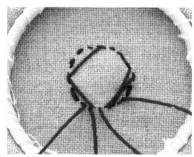

8＿ 裏はこんな感じ。途中で糸がなくなったら10cmほど残して次の糸を使います。最後に縫い目にからげて始末します。

アレンジしてみましょう

すくい方を変えると表情がガラリと変わります。

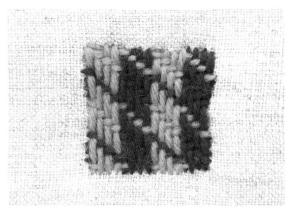

2本ずつすくう

下半分が普通に1本ずつ、上半分が2本ずつすくったもの。粗さが面白い表現になります。ひとつの図案の中にあえて混ぜて使うのも楽しい。

ずらしながらすくう

タテ糸を普通に刺し、ヨコ糸3本、1本、3本、1本というように交互にすくいます。それを上下で1本ずつずらしながら刺すと斜めに織り目が現れる、いわゆる「綾織り」の状態になります。洋服の柄などに使うとかわいい。

組み合わせもいろいろです

規則的でもランダムでも。自由に刺してみましょう。

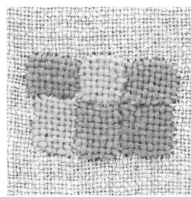

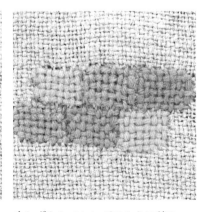

モザイクのようにランダムに組み合わせて。織り目の向きをあっちこっちに向けるのがコツです。

織り目の向きを揃えて、行儀よく並べたパターン。2色にすれば、市松模様やチェッカー模様にも。

少しずらしてレンガのように積み上げたパターン。パーツが四角いので、いびつな形を刺すよりやさしいのがメリットです。

クマを刺してみましょう

クマを例に、手順を説明します。

1＿ 図案を薄い紙に写すか、または コピーをします。片面チャコペーパーを下に置き、とがったペンなどでなぞって図案を写します。

2＿ 図案の中心となる鼻から。周囲から際立つようにここだけ太い糸で刺します。

3＿ 鼻の先を刺します。一番下のヨコ糸は通さずに残しておきます。ここがあとで鼻の穴になります。

4＿ 頬を刺します。色は自由ですが、赤、ピンク系だと表情が柔らかく。

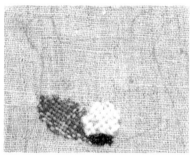

5＿ 頬が刺せたところ。

6＿ 輪郭にそって刺していきます。

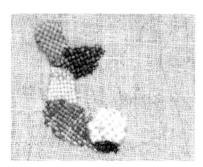

7＿ 耳までできたところ。

8＿ 糸が長めに余り、あとでまた使うようなら切らずに休めておきます。糸端が裏にあるとからみやすいので、表に針で出しておき、使う時に抜きます。

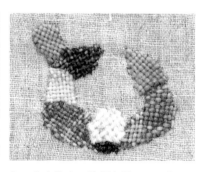

9＿ もう片方の輪郭も埋めていきます。

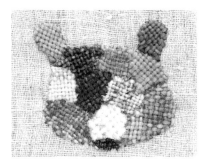

10＿ 輪郭と耳が刺せたら、中を埋めます。

11＿ 首を刺します。顔の輪郭を際立たせたい時は、コントラストが強い色を選びます。3で残した鼻先のタテ糸にヨコ糸を通します。

12＿ 目を刺します。白いレース糸で十字を刺します。

13＿ 十字を中心にして、タテヨコ3本ずつ刺します。

14＿ 周囲を1本置きにすくって一周します。さらに1周目とは互い違いになるように2周目、3周目を刺します。

15＿ 最後の3週目は少し糸を引きながら刺すと、きれいな丸になります。

16＿ 黒いレース糸で黒目を作ります。玉留め、もしくはフレンチノットで好みの大きさに。

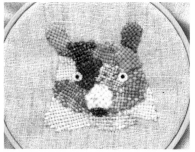

17＿ できあがりです。

実物大図案

01.

立っている足の関係で、
ニワトリ→ネコ→イヌ→ロバの
順番に刺すときれいにできます。
ダーニングステッチ以外の飾りのステッチは、
見本にとらわれず、楽しげになるように
自由に刺してみてください。

——
写真 P.6

コーチングSt

フレンチノットSt

バックSt

ストレートSt

フレンチノットSt

ストレートSt

ストレートSt

ストレートSt

ストレートSt

※特に指定のない線はストレートStです

0
1
2
3
4
5

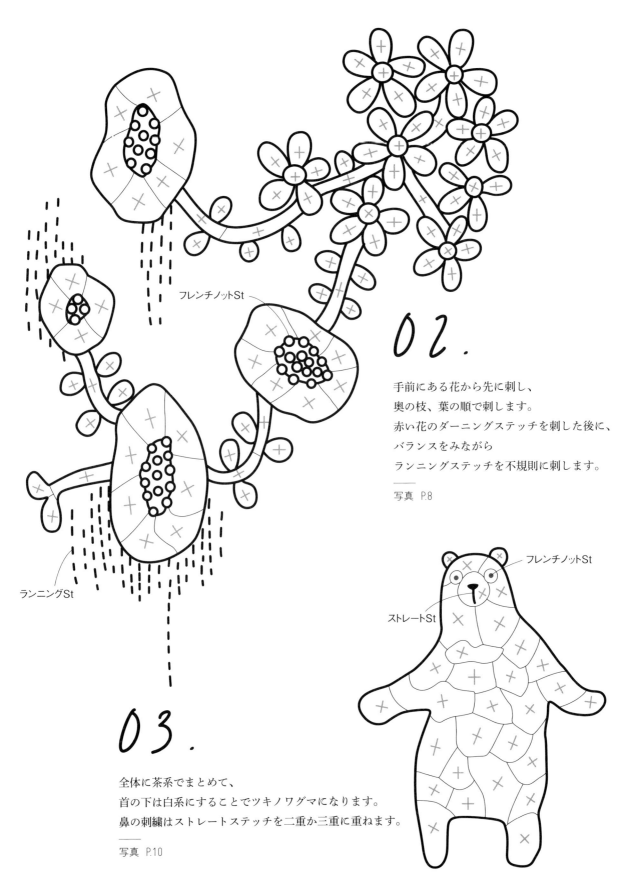

フレンチノットSt

ランニングSt

02.

手前にある花から先に刺し、
奥の枝、葉の順で刺します。
赤い花のダーニングステッチを刺した後に、
バランスをみながら
ランニングステッチを不規則に刺します。

写真 P.8

03.

全体に茶系でまとめて、
首の下は白系にすることでツキノワグマになります。
鼻の刺繍はストレートステッチを二重か三重に重ねます。

写真 P.10

フレンチノットSt

ストレートSt

バッグ表面

鼻の部分は太い糸を使うと周囲から際立ちます。
首とあごの境目、左手と胴体の境目などは
薄い色でまとめると形がよくわかります。

―――
写真 P.14

ストレートSt

ストレートSt

フレンチノットSt

バックSt

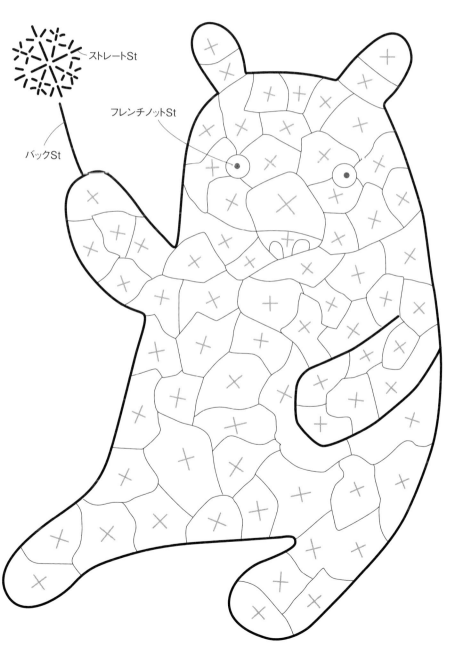

0
1
2
3
4
5

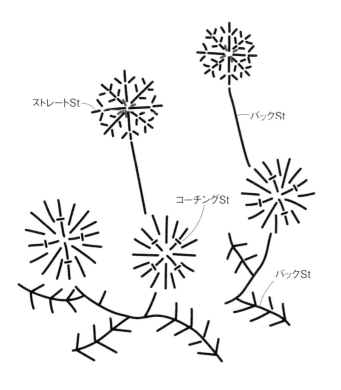

ストレートSt

バックSt

コーチングSt

バックSt

05. バッグ表面

白い綿毛の中に、ちょんちょんと黒い種を刺して。
丸い綿毛や花は、下描きに丸を描いてから刺すと
バランスがよくなります。

写真 P.14

06.

クロス部分のダーニングステッチを刺した後に、
バランスをみながら周囲に
ランニングステッチを不規則に刺します。

写真 P.15

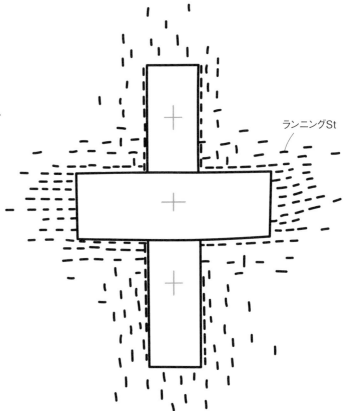

ランニングSt

04.07.

丸を刺す時は P.60 を参考に、
中心の最も長い部分から刺し始めます。

写真 P.11,16

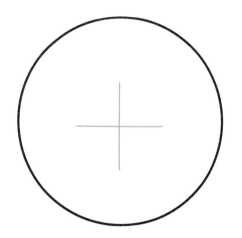

12.

ダーニングステッチのブロックを
丸っこい形の集合体のようにすると、
ヒツジのモコモコ感が出せます。

写真 P.24

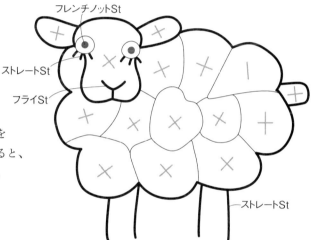

フレンチノットSt
ストレートSt
フライSt
ストレートSt

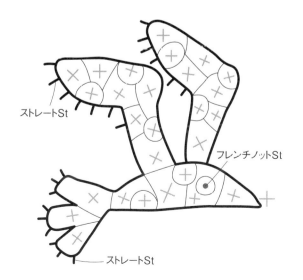

ストレートSt
フレンチノットSt
ストレートSt

13.

奥の羽の付け根を薄い色にすることで、
境目と奥行を表現できます。

写真 P.25

0
1
2
3
4
5

14.

殻のくるくる巻いた部分が
わからなくならないように、
隣り合ったブロックは
同じ色にならないように注意します。
——
写真　P.25

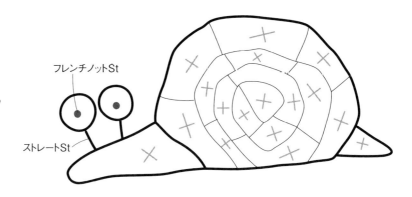

フレンチノットSt

ストレートSt

15.

ストレートSt

靴下のダーニングステッチは P.61 を参照して
模様にすると楽しいです。
ひものストレートステッチは、
バックステッチやランニングステッチでも。
——
写真　P.26

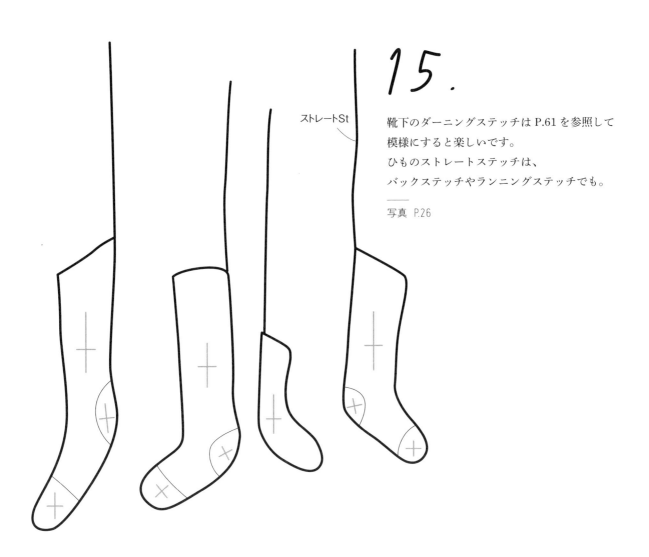

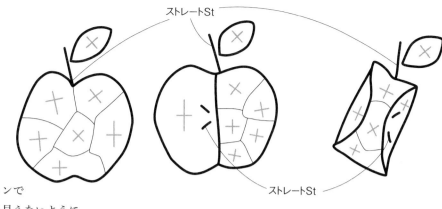

16.

赤とピンクのグラデーションで
ありふれたリンゴの刺繍に見えないように、
ごつごつした質感を表現しました。

—
写真 P.27

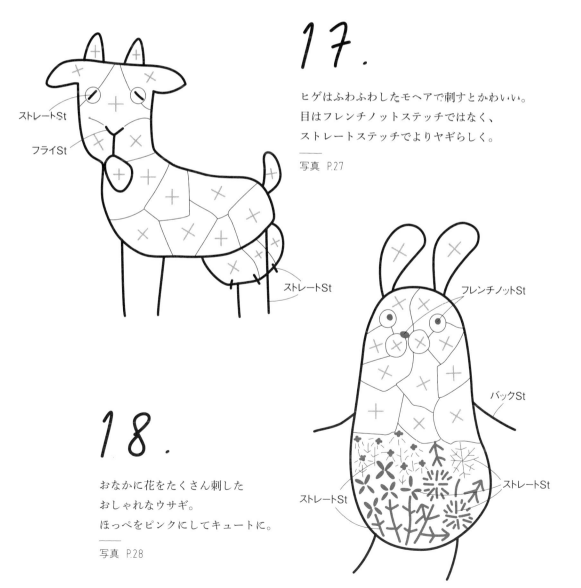

17.

ヒゲはふわふわしたモヘアで刺すとかわいい。
目はフレンチノットステッチではなく、
ストレートステッチでよりヤギらしく。

—
写真 P.27

18.

おなかに花をたくさん刺した
おしゃれなウサギ。
ほっぺをピンクにしてキュートに。

—
写真 P.28

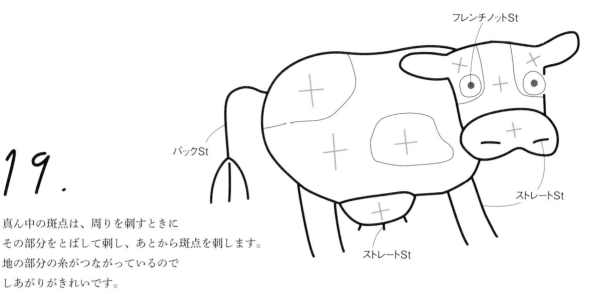

フレンチノットSt

バックSt

ストレートSt

ストレートSt

19.

真ん中の斑点は、周りを刺すときに
その部分をとばして刺し、あとから斑点を刺します。
地の部分の糸がつながっているので
しあがりがきれいです。

―――
写真 P.29

20.

顔と胴を同じ色で刺す場合は、
ステッチの方向を変えると、
同化してしまうことはありません。
前歯は最後に刺します。

―――
写真 P.30

フレンチノットSt

フライSt

ストレートSt

21.

カップのコーヒーや、
ケーキのイチゴ、リースの実などは
周りより後に刺すと埋没しません。

—
写真 P.31

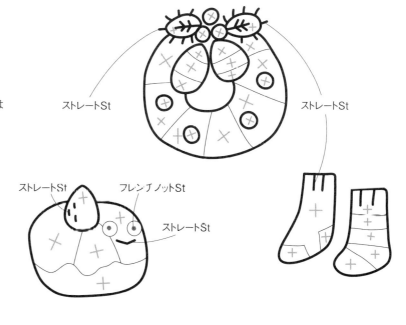

ストレートSt

ストレートSt

ストレートSt フレンチノットSt

ストレートSt

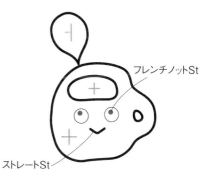

フレンチノットSt

ストレートSt

22.

胴を刺すときは、隣り合うブロックに、
同色の糸を混ぜていくと
なじんだ感じになります。

—
写真 P.32

フレンチノットSt

フライSt

バックSt

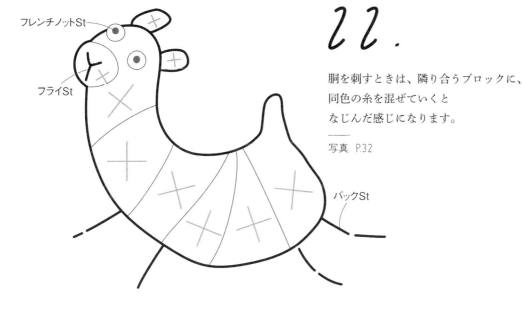

23.

太陽や雪だるまなど、
丸い部分を刺す場合は
中心から十字に刺します（P.60参照）。

写真　P.33

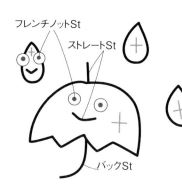

25.

黄色と茶色のくっきりとしたボーダーに。
羽と胴体の黄色は、ステッチの向きを変えると
一体化を防ぐことができます。

写真　P.34

24.

色を混ぜても楽しいですが、
シンプルに1色でまとめると、よりカニらしく。

写真　P.34

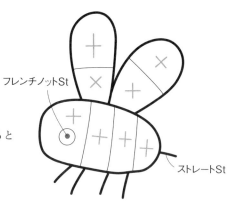

26.

家の窓は刺していませんが、お好みで
水色（昼間）やオレンジ（夜の灯り）などに。
木の幹はタテ糸を長く残すと
根っこのように見えます。

——
写真 P.35

ストレートSt

27.

同系色でまとめて、
ギンガムチェックのような味わいに。
耳の色を濃くしてメリハリを。

——
写真 P.36

フレンチノットSt

ストレートSt

0
1
2
3
4
5

28.

喉の部分を赤〜黄色のグラデーションにして
皇帝ペンギンらしく。

———
写真 P.37

フレンチノットSt

ストレートSt

29.

一番左は半分カエル、半分オタマジャクシ。
2色を組み合わせて成長の途中を表現しました。

———
写真 P.38

フレンチノットSt

ランニングSt

ストレートSt

ストレートSt　フレンチノットSt

ストレートSt

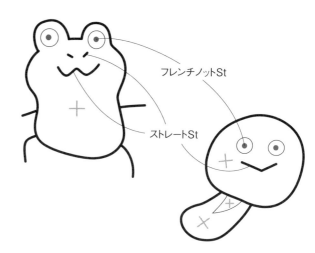

フレンチノットSt

ストレートSt

30.

両方のほっぺたはピンク系で表情をつけて。
ヒゲは端を縫いつけずに遊ばせておきます。

写真 P.39

ストレートSt

フレンチノットSt

ストレートSt

フレンチノットSt

バックSt

フライSt

31.

茶系でシックにまとめて。
胴体と足との境目は、
ステッチの方向で区別をつけます。

写真 P.40

フレンチノットSt

32.

バックSt

バックSt

段染めの糸を使ったり、色を変えたりして
きれいなグラデーションを作りました。
カラフルに楽しみたい図案です。

写真 P.41

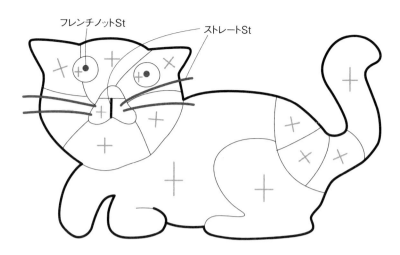

フレンチノットSt　　　　　ストレートSt

33.

首やももの部分など、少しあけることで
アウトラインができます。
背中はモヘアでふわふわした毛を表現。

写真　P.42

34.

ピンク系でまとめてブタさんらしく。
花の飾りは最後に刺します。

写真　P.43

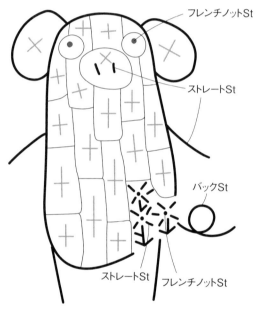

フレンチノットSt

ストレートSt

バックSt

ストレートSt　　フレンチノットSt

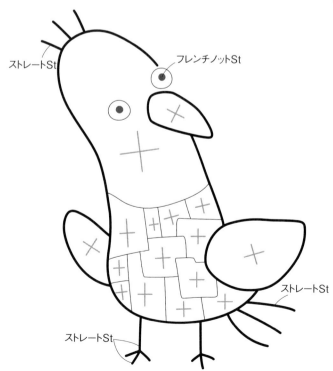

ストレートSt

フレンチノットSt

ストレートSt

ストレートSt

35.

体は茶色、胴体は服を着たイメージでカラフルに。
くちばしや左の羽など、
手前にくる部分を先に刺すと立体感が出ます。

写真　P.43

36.

ほっぺたと鼻を鮮やかなピンクにして、
とぼけた表情に。

写真 P.44

フレンチノットSt

ストレートSt

37.

ブロックとブロックの間にすき間をあけ、
ランニングステッチで埋めると面白い効果が出ます。

写真 P.45

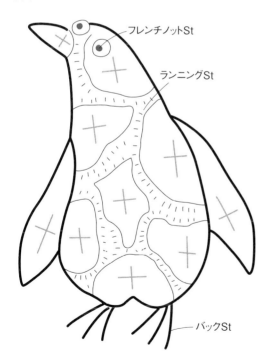

フレンチノットSt

ランニングSt

バックSt

38.

ニワトリの頭がわかるように、
首から上を白系の糸でまとめます。

写真 P.46

フレンチノットSt

ストレートSt

0
1
2
3
4
5

39.

本来2色で表現できるキリンですが、
斑点以外の地の色をグラデーションにして
奥行を出しています。

写真 P.47

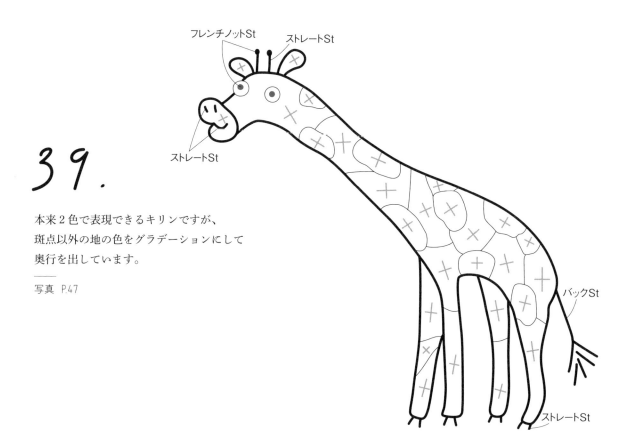

フレンチノットSt　ストレートSt

ストレートSt

バックSt

ストレートSt

40.

形がシンプルなので、
ダーニングステッチのブロック分けや、
刺す方向を工夫して楽し気に。

写真 P.48

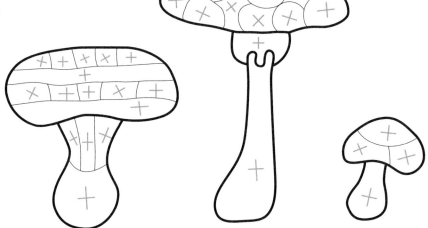

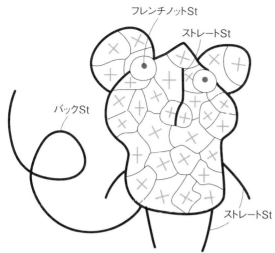

フレンチノットSt

ストレートSt

バックSt

ストレートSt

41.

しっぽの長さや形で表情が変わります。
歯は目と同じ白いレース糸で目立たせて。

写真 P.48

42.

しっぽがくるんと巻いたように見せるため、
隣り合う色に注意しながら刺します。
中を濃いめにするのがコツ。

写真 P.49

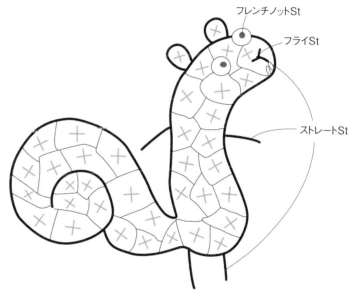

フレンチノットSt

フライSt

ストレートSt

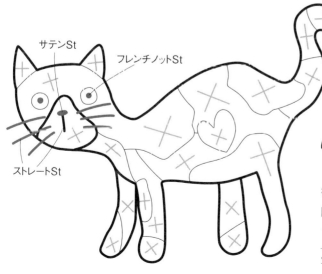

サテンSt

フレンチノットSt

ストレートSt

43.

後ろ足は、左右で色味を変えると奥行が出て、
同化することがありません。
さりげなくハートの形を入れました。

写真 P.49

0

1

2

3

4

5

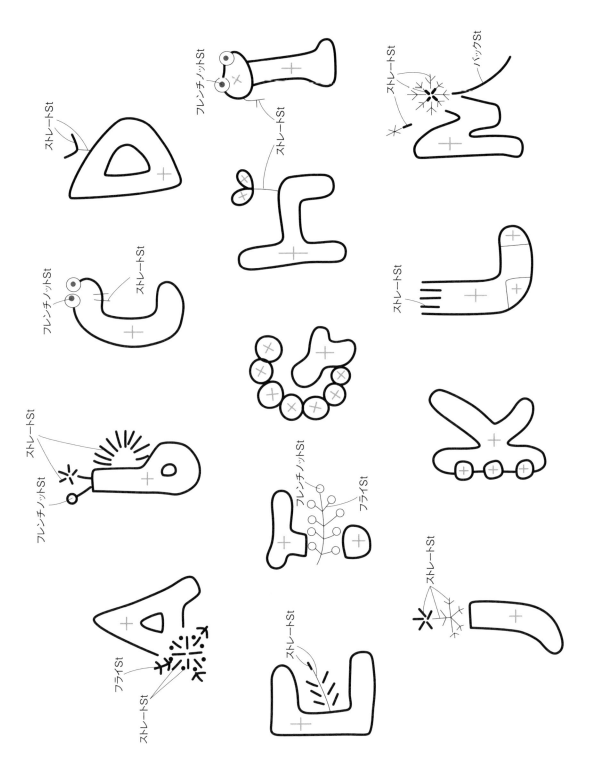

ストレートSt

フレンチノットSt

ストレートSt

ストレートSt

バックSt

ストレートSt

フレンチノットSt

ストレートSt

ストレートSt

ストレートSt

フレンチノットSt

フレンチノットSt

フレンチノットSt

フライSt

フライSt

ストレートSt

ストレートSt

ストレートSt

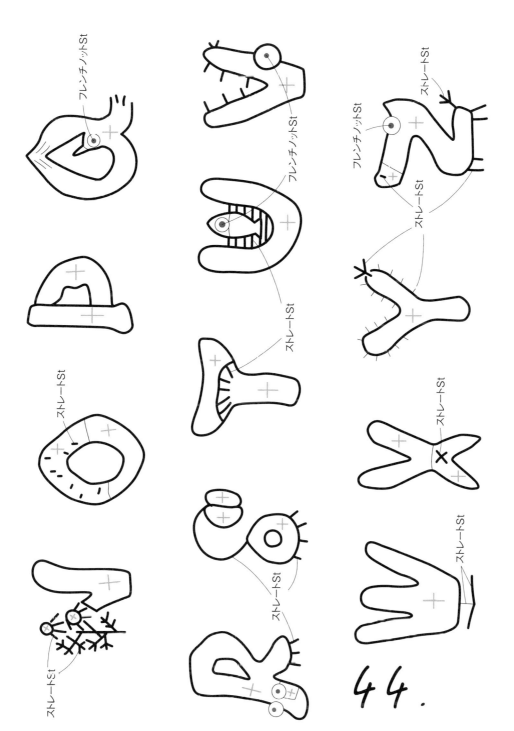

44.

アルファベットの大文字、小文字、数字は
いろいろなステッチを混ぜて楽し気に。
形が少しわかりにくいくらいがかわいい！
―
写真 P.50,51

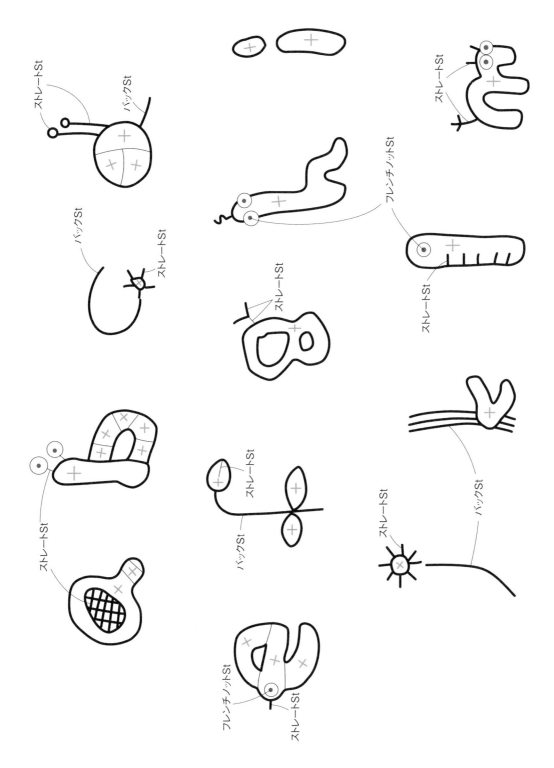

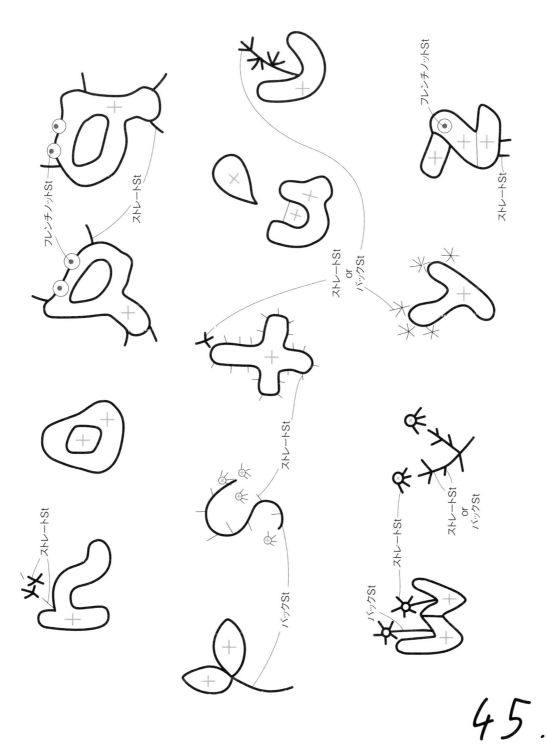

フレンチノットSt

ストレートSt

フレンチノットSt

ストレートSt

ストレートSt
or
バックSt

ストレートSt

ストレートSt

ストレートSt
or
バックSt

ストレートSt

バックSt

バックSt

45.

写真 P.52,53

写真 P.54

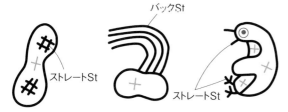

バックSt

ストレートSt

ストレートSt

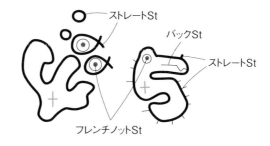

ストレートSt

バックSt

ストレートSt

フレンチノットSt

ストレートSt

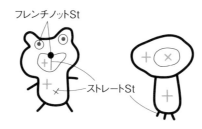

フレンチノットSt

ストレートSt

フレンチノットSt

ステッチの種類

※指定のないものはダーニングステッチです。
※Stはステッチの略です。

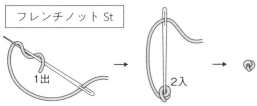

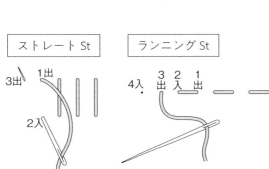

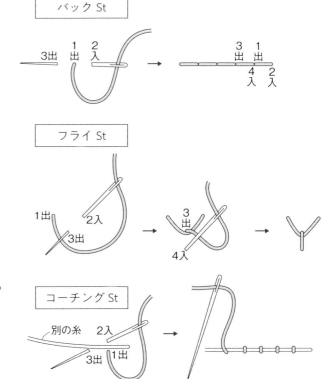

バック St

3出　1出　2入　→　3出 1出　4入 2入

フレンチノット St

1出　2入　→

フライ St

1出　2入　3出　→　3出 4入　→　Y

ストレート St

3出　1出　2入

ランニング St

4入　3出 2入 1出

コーチング St

別の糸　2入　3出 1入 →

仕立て方

05. 06. 07. バッグ

——
写真 P.12-17

本体部分、ポケットなど、好きなところに刺繍してから仕立てます。
ポケットはお好みで反対側につけても。

[用意するもの]
◎表布（綿や麻）……110×110cm
◎裏布（綿や麻）……110×110cm
◎ミシン糸……適量
ほかダーニング刺繍用毛糸

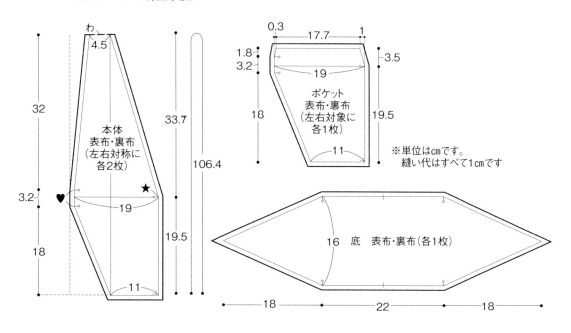

※単位はcmです。
　縫い代はすべて1cmです

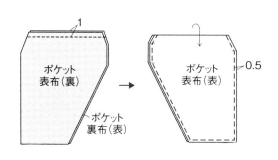

1__ ポケットと本体に刺繍をしておきます。ポケット表布と裏布の口を中表に縫い合わせ、表に返します。周囲にミシンをかけて仮留めをします。

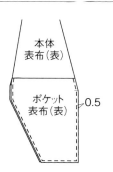

2__ 本体にポケットを重ね、ミシンで仮留めしておきます。

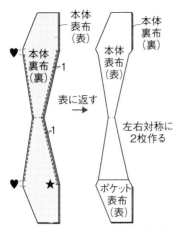

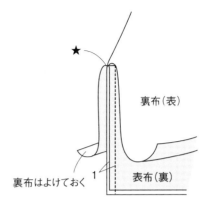

3__ 表布と裏布を中表に合わせ、持ち手部分を印か
ら印まで縫い、表に返します。左右対称に2つ作り
ます。

4__ 3で作った2枚の本体を重ね、表布どうしを中
表にして★から下を縫います。裏布はよけておき
ます。

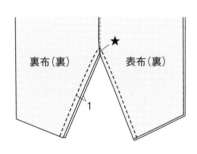

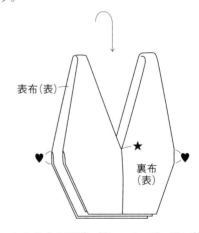

5__ 次に裏布を引き出して中表に合わせ、同様に★
から下を縫います。

6__ もう片方も同様に縫い、バッグの形に整えます。

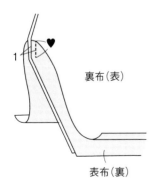

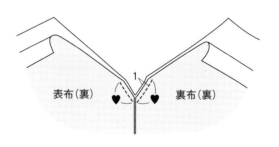

7__ 表布どうしを中表にして♥を縫います。裏布は
よけておきます。

8__ 次に裏布どうしを中表にして♥を縫います。も
う片方も同様に。

表布（表）

裏布（表）

9＿ 裏布が表になるようにバッグの形に整えます。

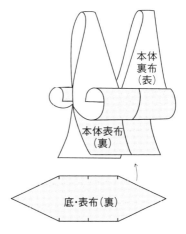

本体
裏布
（表）

本体表布
（裏）

底・表布（裏）

10＿ 本体と底を縫い合わせます。まずは表布どうしを中表にして縫い合わせます。裏布はよけておきます。

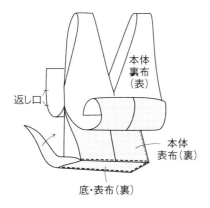

本体
裏布
（表）

返し口

本体
表布（裏）

底・表布（裏）

11＿ 表布を縫い合わせたら、同様に裏布の本体と底も縫い合わせます。裏布はどこか1か所に10cm程度の返し口を縫い残しておきます。

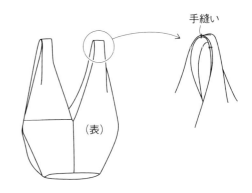

手縫い

（表）

12＿ 表に返して形を整えます。持ち手部分を幅半分に折り、手縫いで3か所縫いとめてできあがり。

08.

持ち手つきの巾着

写真 P.18

刺繍はクマと花をお好みでバランスよく散らして。

[用意するもの]
◎表布（麻・紺）……90×50cm
◎裏布（麻・ベージュ）……90×30cm
◎ひも……80cmを2本
◎ミシン糸、穴かがり用毛糸……適量
ほかダーニング刺繍用毛糸

[図案]

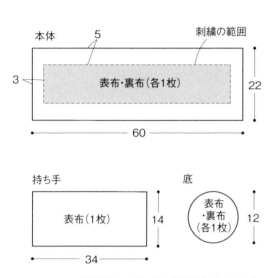

※特に指定のない線はストレートStです

※単位はcmです。縫い代はふくまれています

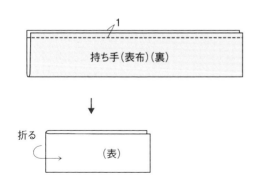

1__ 持ち手を作ります。中表に半分に折って縫い、表に返して2つ折りにします。

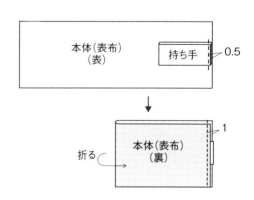

2__ 本体（表布）の短辺のまん中に1を仮留めし、中表に半分に折って縫います。

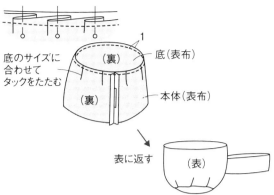

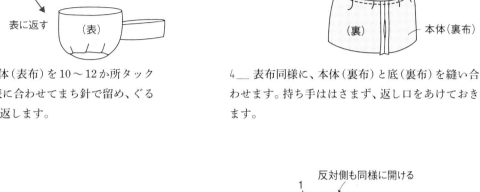

3＿ 底（表布）と本体（表布）を10〜12か所タック
をたたみながら中表に合わせてまち針で留め、ぐる
りと縫います。表に返します。

4＿ 表布同様に、本体（裏布）と底（裏布）を縫い合
わせます。持ち手ははさまず、返し口をあけておき
ます。

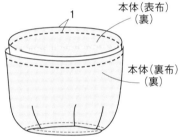

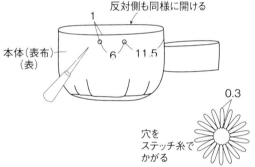

5＿ 表布と裏布を中表に合わせて口をぐるりと縫
います。

6＿ 裏布の返し口から表布を引き出します。返し口
から手を入れて、目打ちで表布に、ひも通し穴を4
か所あけます。穴は手縫いでかがります。

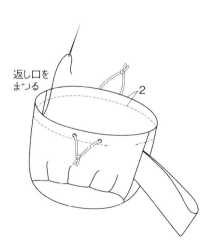

7＿ 口をぐるりと縫い、ひもを2本通します。裏布
の返し口は手縫いでまつります。

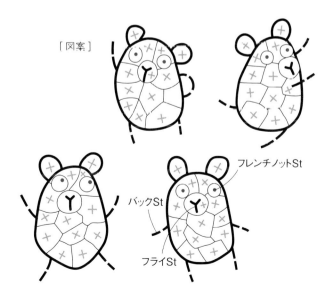

09.

巾着つきエコバッグ

写真 P.20

巾着の底に刺繍をしてから仕立て、
エコバッグに縫いつけます。

[用意するもの]
◎表布 (麻・ベージュ)……110×110cm
◎ひも……80cmを1本
◎コードストッパー……1個
◎ミシン糸……適量
ほかダーニング刺繍用毛糸

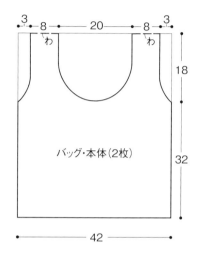

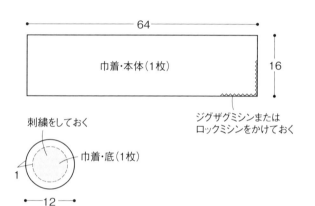

刺繍をしておく

1

―12―

巾着・本体(1枚)

16

64

ジグザグミシンまたは
ロックミシンをかけておく

巾着・底(1枚)

3 8 20 8 3
わ わ
18
バッグ・本体(2枚)
32
42

※単位はcmです。縫い代はふくまれています

[図案]

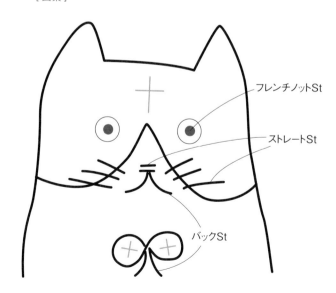

フレンチノットSt

ストレートSt

バックSt

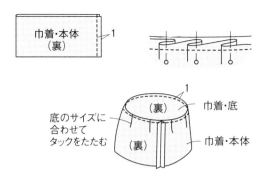

1__ 巾着の底に刺繍をしておきます。巾着・本体を中表に折り、脇を縫います。底と本体を中表に合わせて10〜12か所タックをたたみながらまち針で留め、ぐるりと縫います。

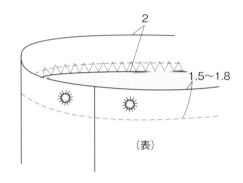

3__ 巾着の口を2つ折りにしてミシンで縫います。

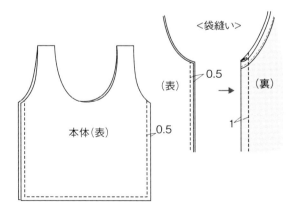

5__ バッグ本体の両脇と底を表から縫い、裏に返して脇だけを縫って袋縫いにします。

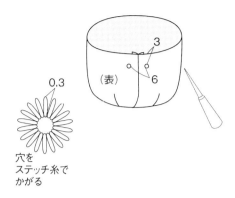

2__ 表に返し、目打ちでひも通し穴を2か所あけます。穴は手縫いでかがります。

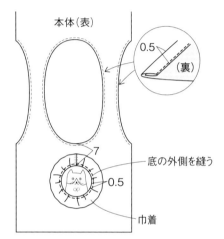

4__ バッグ本体の持ち手部分を三つ折りにしてミシンで縫い、巾着の底を縫いつけます。縫いしろは底に隠れるように中心側に倒します。

6__ 脇のマチを折り、底を縫います。表に返して形を整え、巾着にひもを通してコードストッパーをつけてできあがりです。

10.

チャーム

写真　P.22

ダーニングステッチで埋めてから
周囲を切りとり、縫い合わせます。

[用意するもの]（ひとつ分）
◎表布（麻・ベージュ）……適量
◎革ひも（1mm）……16cm
◎手芸用わた……適量
◎縫い糸……適量
◎マルカン、ストラップパーツ
ほかダーニング刺繍用毛糸

[図案]

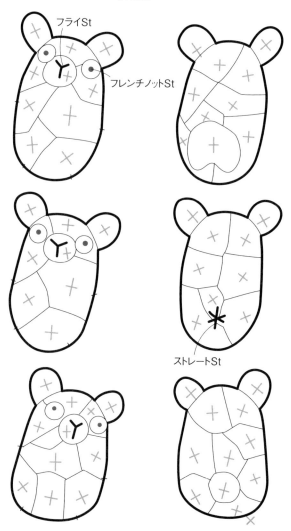

フライSt
フレンチノットSt
ストレートSt

1＿ 型紙を布に写しとり、刺繍枠をはめてダーニング
ステッチで埋めます。刺繍の周囲5mm程度を残し、は
さみで切り抜きます。前と後ろをそれぞれ作ります。

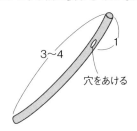

3〜4
1
穴をあける

2＿ 革ひもの端に目打ちなどで穴をあけます。

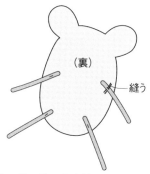

（裏）
縫う

3＿ 後ろ側の裏に革ひもを縫いつけます。革ひもの
穴に糸を通し、表にひびかないように、刺繍の糸に
からめるようにして固定します。

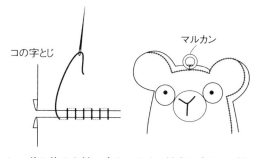

コの字とじ
マルカン

4＿ 前と後ろを縫い合わせます。外表に合わせ、縫い
しろを中に折り込み、コの字とじで縫い合わせてわた
を詰めます。手足は好みの長さに切り落とし、縫い合
わせた糸にマルカンを通してストラップをつけます。

11.

ぬいぐるみ

写真　P.23

チャームと同じ作り方で、立体に仕立てます。
型紙を拡大すると大きいものが作れます。

[用意するもの]
◎表布（麻・ベージュ）……30×30cm
◎手芸用わた……適量
◎縫い糸……適量
ほかダーニング刺繍用毛糸

[実物大型紙]

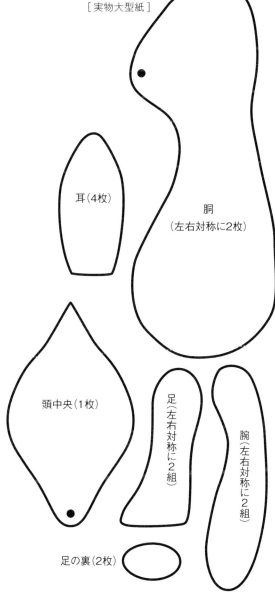

耳(4枚)

胴
（左右対称に2枚）

頭中央(1枚)

足（左右対称に2組）

腕（左右対称に2組）

足の裏(2枚)

1＿ 型紙を布に写しとり、刺繍枠をはめてダーニングステッチで埋めます。耳、腕、足の内側は白系でまとめて裏表を区別すると見た目がよくなります。刺繍の周囲5mm程度を残し、はさみで切り抜きます。

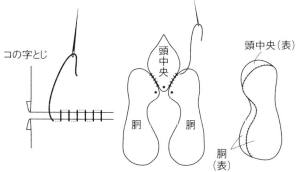

コの字とじ

頭中央

胴　胴

頭中央（表）

胴（表）

2＿ 各パーツは縫いしろを中に折り込み、コの字とじで縫い合わせます。まずは頭中央と胴を、印を合わせて縫い合わせ、わたを詰めます。

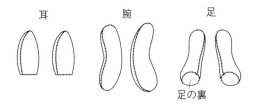

耳　　腕　　足

足の裏

3＿ 耳、腕、足を縫い合わせます。腕と足にはわたを詰めます。

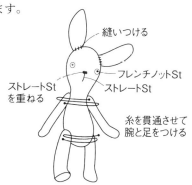

縫いつける

フレンチノットSt

ストレートStを重ねる

ストレートSt

糸を貫通させて腕と足をつける

4＿ 耳を縫いつけ、腕と足を糸で貫通させてつなぎます。顔の刺繍をしてできあがりです。

ミムラトモミ

沖縄出身。「mimster」主催。2017年よりダーニングの美しさにみせられ、活動を開始。ダーニングを応用した独自の技法「モザイクダーニング」で作り上げるカラフルな世界は、心にあかりを、暮らしに彩りを添える。

Instagram：@mimstermade

ブックデザイン＿＿ 塙 美奈［ME&MIRACO］
撮影＿＿ 下村しのぶ　寺岡みゆき
スタイリング＿＿ 串尾広枝
モデル＿＿ Hana
衣装制作＿＿ PURI*CHOKO
（P.6,7のブラウス、P.8,9のワンピース）
トレース＿＿ 大森裕美子［tinyeggs studio］
thanks to＿＿ ミムラタカシ

衣装協力＿＿ エイチ・プロダクト・デイリーウエア
（Hands of creation、OUVERT）
tel 03-6427-8867
（P6,7の帽子、P11,22,23のワンピース、P18のシャツ、キュロットパンツ／Hands of creation
P2,12,13,64のTシャツ、パンツ／P12,13のワンピース／OUVERT）

材料協力＿＿藤久株式会社
☎0120-478020（フリーダイヤル）
https://www.crafttown.jp/
〒465-8511　名古屋市名東区高社一丁目210番地
※藤久株式会社の糸の通信販売に関しては下記までお願いします。

［クラフトハートトーカイドットコム］（通信販売）
tel 052-776-2411
〒465-8555　名古屋市名東区猪子石2-1607
https://ec.crafttown.jp

お直しにも、かわいいワンポイントにも！

ダーニング刺繍

2021年7月15日　発行
2022年4月1日　第6刷

NDC594

著　者　　ミムラトモミ
発行者　　小川雄一
発行所　　株式会社 誠文堂新光社
　　　　　〒113-0033 東京都文京区本郷3-3-11
　　　　　電話 03-5800-5780
　　　　　https://www.seibundo-shinkosha.net/
印刷・製本　図書印刷 株式会社

ISBN978-4-416-52185-4